V

16744

ILLUSTRATIONS
TYPOGRAPHIQUES.

RECUEIL

De Vignettes, Alphabets, Culs-de-Lampe, Attributs, Fleurs, Fruits, Paysages, Allégories religieuses, Ornements, Costumes anciens et modernes, Charges et Grotesques, Métiers, Fleurons, Marine, Emblêmes, Encoignures, Encadrements, Passe-Partout, etc., etc. ;

GRAVÉS ET POLYTYPÉS

PAR PORRET,

GRAVEUR SUR BOIS DE L'IMPRIMERIE ROYALE.

PARIS

Porret, graveur & polytypeur, rue de Seine-St.-Germain, N.º 10.

AVIS. — Les Lettres et Paquets doivent être envoyés *francs de port*. M. PORRET fera les expéditions dans les 24 heures, souvent même par le retour du courrier ; toutes commandes au-dessus de 100 fr. auront droit à 15 p. 0/0 de remise, ou à un Recueil d'illustrations dont le prix est de 15 fr. — Ce Recueil est imprimé sur Chiné, et non sur les Bois comme l'on fait habituellement. — Un second Recueil contenant plusieurs Alphabets, des signes d'Annonces et du Zodiaque, des Encoignures, des Sujets saints et de Marine, ainsi que de Commerce, paraîtra dans le courant du mois de juin 1838. — On achève de plus de quarante personnes chez M. PORRET, même d'entreprendre les plus fortes commandes en gravure ; des destinateurs attachés spécialement à son établissement lui donnent toute facilité de satisfaire les personnes qui l'honoreront de leur confiance dans le plus bref délai. — Le prix des commandes sera réuni, contre le paquet, entre les mains du Facteur des Messageries Laffitte et Caillard. — M. PORRET se charge de faire dessiner et graver tous les Sujets qu'on lui indiquera, et de les polytyper.

Les exemplaires ayant été déposés à la Direction, M. PORRET poursuivra, avec toute la rigueur des lois, les Contrefacteurs et Surmouleurs.

PAGE 1.

N. 1. — 6 Fr. N. 2. — 6 Fr. N. 3. — 6 Fr. N. 4. — 6 Fr.

N. 5. — 6 Fr. N. 6. — 6 Fr. N. 7. — 6 Fr. N. 8. — 6 Fr.

N. 9. — 6 Fr. N. 10. — 6 Fr. N. 11. — 6 Fr. N. 12. — 6 Fr.

1838. — DÉPOSÉ A LA DIRECTION. IMPRIMERIE DE LACRAMPE.

PAGE 2.

N. 13. — 6 Fr.   N. 14. — 6 Fr.   N. 15. — 6 Fr.   N. 16. — 6 Fr.

N. 17. — 12 Fr.   N. 18. — 6 Fr.   N. 19. — 12 Fr.

N. 20. — 5 Fr.   N. 21. — 4 Fr.   N. 22. — 5 Fr.   N. 23. — 5 Fr.

1838. — DÉPOSÉ A LA DIRECTION.   IMPRIMERIE DE LACHAMPE.

PAGE 5.

N. 24. — 5 Fr.   N. 25. — 6 Fr.   N. 26. — 6 Fr.   N. 27. — 5 Fr.

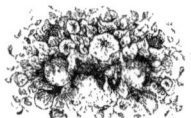   

N. 28. — 5 Fr.   N. 29. — 5 Fr.   N. 30. — 5 Fr.   N. 31. — 5 fr.

N. 32. — 5 Fr.   N. 33. — 5 Fr.   N. 34. — 4 Fr.   N. 35. — 5 Fr.

1838. — DÉPOSÉ A LA DIRECTION.   IMPRIMERIE DE LACRAMPE.

PAGE 4.

N. 36. — 5 Fr.

N. 37. — 6 Fr.

N. 38. — 6 Fr.

N. 39. — 5 Fr.

N. 40. — 6 Fr.

N. 41. — 5 Fr.

N. 42. — 6 Fr.

N. 43. — 6 Fr.

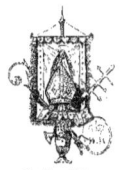

N. 44. — 5 Fr.

N. 45. — 5 Fr.

N. 46. — 5 Fr.

N. 47. — 4 Fr.

N. 48. — 5 Fr.

1838. — DÉPOSÉ A LA DIRECTION. IMPRIMERIE DE LACRAMPE.

PAGE 6.

SIGNES DU ZODIAQUE.

Les 12 Signes du Zodiaque : 60 FRANCS. — Chaque Signe : 6 FRANCS.

1838. — DÉPOSÉ A LA DIRECTION. IMPRIMERIE DE LACOMBE.

PAGE 7.

N. 49. — 12 Fr.

N. 50. — 1 Fr.

N. 51. — 15 Fr.

N. 52. — 5 Fr.

N. 53. — 6 Fr.

N. 54. — 5 Fr.

N. 55. — 6 Fr.

N. 56. — 5 Fr.

N. 57. — 5 Fr.

N. 58. — 1 Fr.

N. 59. — 5 Fr.

1838. — DÉPOSÉ A LA DIRECTION.   IMPRIMERIE DE LACRAMPE.

PAGE 8.

N. 60. — 5 Fr.

N. 61. — 6 Fr.

N. 62. — 6 F.

N. 63. — 6.

N. 64. — 6 Fr.

N. 65. — 6 Fr.

N. 66. — 8 Fr.

N. 67. — 7.

N. 68. — 6 Fr.

N. 69. — 6 Fr.

N. 70. — 6 Fr.

N. 71. — 5 Fr.

1838. — DÉPOSÉ A LA DIRECTION.   IMPRIMERIE DE LACRAMPE.

PORRET, Graveur.   PAGE 9.   Paris, rue de Seine, 10.

N. 72. — 7 Fr.

N. 73. — 8 Fr.

N. 74. — 7 Fr.

N. 75. — 6 Fr.

N. 76. — 3 Fr.

N. 77. — 3 Fr.

N. 78. — 2 Fr.

N. 79. — 3 Fr.

N. 80. — 6 Fr.

N. 81. — 6 Fr.

N. 82. — 6 Fr.

N. 83. — 6 Fr.

1838. — DÉPOSÉ A LA DIRECTION.   IMPRIMERIE DE LACRAMPE.

PORRET, Graveur. PAGE 10. Paris, rue de Seine, 10.

N. 84. — 6 Fr.

N. 85. — 8 Fr.

N. 86. — 6 Fr.

N. 87. — 6 Fr.

N. 88. — 6 Fr.

N. 89. — 6 Fr.

N. 90. — 6 Fr.

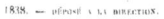
N. 91. — 6 Fr.

N. 92. — 6 Fr.

N. 93. — 6 Fr.

1838. — DÉPOSÉ A LA DIRECTION. IMPRIMERIE DE LACRAMPE.

PORRET, Graveur. PAGE 11. Paris, rue de Seine, 10.

N. 94. — 5 Fr.   N. 95. — 4 Fr.   N. 96. — 5 Fr.   N. 97. — 6 Fr.

N. 98. — 5 Fr.   N. 99. — 5 Fr.   N. 100. — 4 Fr.   N. 101. — 6 Fr.

N. 102. — 6 Fr.   N. 103. — 5 Fr.   N. 104. — 6 Fr.   N. 105. — 5 Fr.

1848. — DÉPOSÉ A LA DIRECTION   IMPRIMERIE DE LACRAMPE.

PORRET, Graveur. PAGE 12. Paris, rue de Seine, 40.

N. 106. — 5 Fr. N. 107. — 6 Fr. N. 108. — 6 Fr.

N. 109. — 5 Fr. N. 110. — 3 Fr. N. 111. — 2 Fr. N. 112. — 2 Fr. N. 113. — 5 Fr.

N. 114. — 5 Fr. N. 115. — 5 Fr. N. 116. — 4 Fr. N. 117. — 4 Fr.

1838. — DÉPOSÉ A LA DIRECTION. IMPRIMERIE DE LACHAMPE.

PORRET, Graveur.   PAGE 13.   Paris, rue de Seine, 10.

N. 118. — 5 Fr.

N. 119. — 6 Fr.

N. 120. — 5 Fr.

N. 121. — 1 Fr. 50 c.

N. 122. — 4 Fr.

N. 123. — 5 Fr.

N. 124. — 5 Fr.

N. 125. — 1 Fr. 50 c.

N. 126. — 3 Fr.

N. 127. — 1 Fr. 50 c.

N. 128. — 2 Fr.

N. 129. — 2 Fr.

N. 130. — 2 Fr.

N. 131. — 1 Fr. 50 c.

1838 — DÉPOSÉ A LA DIRECTION.   IMPRIMERIE DE LACRAMPE.

PORRET, Graveur. PAGE 15. Paris, rue de Seine, 10.

N. 144. — 4 Fr.

N. 145. — 20 Fr.

N. 146. — 7 Fr.

N. 147. — 1 Fr.

N. 148. — 5 Fr.

N. 149. — 5 Fr.

N. 150. — 6 Fr.

1838. — DÉPOSÉ A LA DIRECTION. IMPRIMERIE DE LACRAMPE.

PORRET, Graveur. PAGE 16. Paris, rue de Seine, 10.

N. 151. — 6 Fr.

N. 152. — 5 Fr.

N. 153. — 6 Fr.

N. 154. — 5 Fr.

N. 155. — 6 Fr.

N. 156. — 6 Fr.

N. 157. — 6 Fr.

N. 158. — 6 Fr.

N. 159. — 5 Fr.

N. 160. — 6 Fr.

1848. — DÉPOSÉ A LA DIRECTION. IMPRIMERIE DE LACRAMPE.

PORRET, Graveur. PAGE 17. Paris, rue de Seine, 10

N. 161. — 6 Fr. N. 162. — 6 Fr.  N. 163. — 6 Fr.

N. 164. — 5 Fr. N. 165. — 8 Fr. N. 166. — 5 Fr.

N. 167. — 6 Fr. N. 168. — 5 Fr. N. 169. — 5 Fr. N. 170. — 6 Fr.

1858. — DÉPOSÉ A LA DIRECTION IMPRIMERIE DE LACRAMPE.

PORRET, Graveur. PAGE 18. Paris, rue de Seine, 10.

N. 171. — 6 Fr.

N. 172. — 6 Fr.

N. 173. — 6 Fr.

N. 174. — 6 Fr.

N. 175. — 6 Fr.

N. 176. — 5 Fr.

N. 177. — 6 Fr.

N. 178. — 6 Fr.

N. 179. — 5 Fr.

N. 180. — 6 Fr.

N. 181. — 5 Fr.

1838. — DÉPOSÉ A LA DIRECTION. IMPRIMERIE DE LACRAMPE.

PORRET, Graveur.   PAGE 19.   Paris, rue de Seine, 10.

N. 182. — 6 Fr.

N. 183. — 7 Fr.

N. 184. — 6 Fr.

N. 185. — 4 Fr.

N. 186. — 9 Fr.

N. 187. — 7 Fr.

N. 188. — 4 Fr.

N. 189. — 5 Fr.

N. 190. — 4 Fr.

N. 191. — 5 Fr.

1838. — DÉPOSÉ A LA DIRECTION.   IMPRIMERIE DE LACRAMPE.

PORRET, Graveur. PAGE 20. Paris, rue de Seine, 10.

N. 192. — 5 Fr.

N. 193. — 5 Fr.

N. 194. — 6 Fr.

N. 195. — 6 Fr.

N. 196. — 3 Fr.

N. 197. — 6 Fr.

N. 198. — 3 Fr.

N. 199. — 2 Fr.

N. 200. — 5 Fr.

N. 201. — 3 Fr.

N. 202. — 5 Fr.

N. 203. — 5 Fr.

1838. — DÉPOSÉ A LA DIRECTION. IMPRIMERIE DE LACRAMPE.

PORRET, Graveur.   PAGE 21.   Paris, rue de Seine, 10.

N. 204. — 5 Fr.

N. 205. — 6 Fr.

N. 206. — 5 Fr.

N. 207. — 4 Fr.

N. 208. — 5 Fr.

N. 209. — 5 Fr.

N. 210. — 5 Fr.

1848. — DÉPOSÉ A LA DIRECTION.

N. 211. — 5 Fr.

N. 212. — 5 Fr.

IMPRIMERIE DE LACRAMPE.

PORRET, Graveur. PAGE 22. Paris, rue de Seine, 40.

N. 213. — 5 Fr.   N. 214. — 2 Fr.   N. 215. — 2 Fr.   N. 216. — 5 Fr.

N. 217. — 5 Fr.   N. 218. — 5 Fr.   N. 219. — 2 Fr.   N. 220. — 5 Fr.

N. 221. — 5 Fr.   N. 222. — 5 Fr.   N. 223. — 5 Fr.   N. 224. — 5 Fr.

1838. — DÉPOSÉ A LA DIRECTION. IMPRIMERIE DE LACRAMPE.

PORRET, Graveur. PAGE 25. Paris, rue de Seine, 10.

N. 225. — 6 Fr.

N. 226. — 5 Fr.

N. 227. — 5 Fr.

N. 228. — 3 Fr.

N. 229. — 5 Fr.

N. 230. — 5 Fr.

N. 231. — 5 Fr.

N. 232. — 5 Fr.

N. 233. — 5 Fr.

N. 234. — 5 Fr.

1838. — DÉPOSÉ A LA DIRECTION IMPRIMERIE DE LACRAMPE.

FORRET, Graveur.   PAGE 24.   Paris, rue de Seine, 10.

N. 235. — 5 Fr.   N. 236. — 5 Fr.   N. 237. — 5 Fr.   N. 238. — 4 Fr.

N. 239. — 5 Fr.   N. 240. — 5 Fr.   N. 241. — 6 Fr.   N. 242. — 3 Fr.

N. 243. — 3 Fr.   N. 244. — 2 Fr.   N. 245. — 6 Fr.   N. 246. — 3 Fr.

1838. — DÉPOSÉ A LA DIRECTION.   IMPRIMERIE DE LACRAMPE.

PORRET, Graveur.   PAGE 25.   Paris, rue de Seine, 10.

N. 247. — 7 Fr.   N. 248. — 7 Fr.   N. 249. — 7 Fr.   N. 250. — 7 Fr.

N. 251. — 7 Fr.   N. 252. — 6 Fr.   N. 253. — 6 Fr.   N. 254. — 7 Fr.

1838. — DÉPOSÉ A LA DIRECTION.   IMPRIMERIE DE LACRAMPE.

PORRET, Graveur. PAGE 26. Paris, rue de Seine, 10.

N. 255. — 7 Fr.

N. 256. — 7 Fr.

N. 257. — 7 Fr.

N. 258. — 7 Fr.

N. 259. — 7 Fr.

1838. — DÉPOSÉ A LA DIRECTION.

N. 260. — 7 Fr.

N. 261. — 7 Fr.

N. 262. — 7 Fr.

IMPRIMERIE DE LACRAMPE.

PORRET, Graveur. PAGE 27. Paris, rue de Seine, 10.

N. 263. — 7 Fr.

N. 264. — 7 Fr.

N. 265. — 7 Fr.

N. 266. — 7 Fr.

N. 267. — 7 Fr.

N. 268. — 7 Fr.

N. 269. — 7 Fr.

1838 — DÉPOSÉ A LA DIRECTION. IMPRIMERIE DE LACRAMPE.

PORRET, Graveur.   PAGE 28.   Paris, rue de Seine, 10.

N. 270. — 7 Fr.

N. 271. — 7 Fr.

N. 272. — 7 Fr.

N. 273. — 7 Fr.

N. 274. — 7 Fr.

1838. — DÉPOSÉ A LA DIRECTION.

N. 275. — 7 Fr.

N. 276. — 5 Fr.

IMPRIMERIE DE LACRAMPE.

PORRET, Graveur. PAGE 29. Paris, rue de Seine, 10.

N. 277. — 4 Fr.   N. 278. — 4 Fr.   N. 279. — 4 Fr.   N. 280. — 4 Fr.   N. 281. — 4 Fr.

N. 282. — 4 Fr.   N. 283. — 4 Fr.   N. 284. — 4 Fr.   N. 285. — 4 Fr.   N. 286. — 4 Fr.

N. 287. — 3 Fr.   N. 288. — 5 Fr.   N. 289. — 5 Fr.   N. 290. — 3 Fr.

1838. — DÉPOSÉ A LA DIRECTION.   IMPRIMERIE DE LACRAMPE.

PORRET, Graveur.   PAGE 30.   Paris, rue de Seine, 10.

N. 291. — 4 Fr.   N. 292. — 4 Fr.   N. 293. — 4 Fr.   N. 294. — 4 Fr.   N. 295. — 4 Fr.

N. 296. — 4 Fr.   N. 297. — 4 Fr.   N. 298. — 4 Fr.   N. 299. — 4 Fr.   N. 300. — 4 Fr.

N. 301. — 6 Fr.   N. 302. — 5 Fr.   N. 303. — 6 Fr.

1838. — DÉPOSÉ A LA DIRECTION.   IMPRIMERIE DE LACRAMPE.

PORRET, Graveur.   PAGE 51.   Paris, rue de Seine, 10.

N. 304. — 6 Fr.

N. 305. — 6 Fr.

N. 306. — 5 Fr.

N. 307. — 5 Fr.

N. 308. — 5 Fr.

1848. — DÉPOSÉ A LA DIRECTION.

N. 309. — 4 Fr.

N. 310. — 5 Fr.

N. 311. — 5 Fr.

IMPRIMERIE DE LACRAMPE.

PORRET, Graveur.   PAGE 52.   Paris, rue de Seine, 10.

N. 312. — 6 Fr.

N. 313. — 6 Fr.

N. 314. — 6 Fr.

N. 315. — 6 Fr.

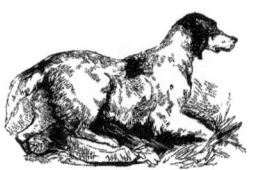
N. 316. — 6 Fr.

N. 317. — 6 Fr.

N. 318. — 6 Fr.
1838. — DÉPOSÉ A LA DIRECTION.

N. 319. — 6 Fr.

N. 320. — 6 Fr.
IMPRIMERIE DE LACRAMPE.

PORRET, Graveur. PAGE 35. Paris, rue de Seine, 10.

N. 342. — 5 Fr.

N. 343. — 5 Fr.

N. 344. — 3 Fr.

N. 345. — 4 Fr.

N. 346. — 3 Fr.

N. 347. — 5 Fr.

N. 348. — 6 Fr.

N. 349. — 10 Fr.

N. 350. — 6 Fr.

1838. — DÉPOSÉ A LA DIRECTION. IMPRIMERIE DE LACRAMPE.

PORRET, Graveur.   PAGE 36.   Paris, rue de Seine, 10.

N. 351. — 5 Fr.

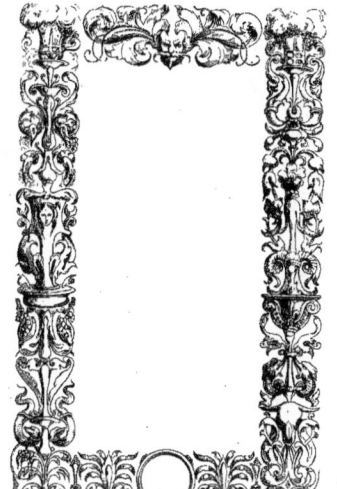

N. 352. — 5 Fr.

N. 353. — 1 Fr.   N. 354. — 2 Fr.

N. 355. — 1 Fr.   N. 356. — 2 Fr.

N. 357. — 2 Fr.

1838. — DÉPOSÉ A LA DIRECTION.

N. 358. — 20 Fr.

N. 359. — 2 Fr.

IMPRIMERIE DE LACRAMPE.

PORRET, Graveur. PAGE 57. Paris, rue de Seine, 10.

N. 360. — 7 Fr.

N. 361. — 5 Fr.

N. 362. — 5 Fr.

N. 363. — 5 Fr.

N. 364. — 5 Fr.

N. 365. — 5 Fr.

N. 366. — 5 Fr.

N. 367. — 5 Fr.

N. 368. — 4 Fr.

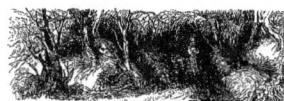
N. 369. — 10 Fr.

N. 370. — 4 Fr.

N. 371. — 3 Fr.

1838. — DÉPOSÉ A LA DIRECTION. IMPRIMERIE DE LACRAMPE.

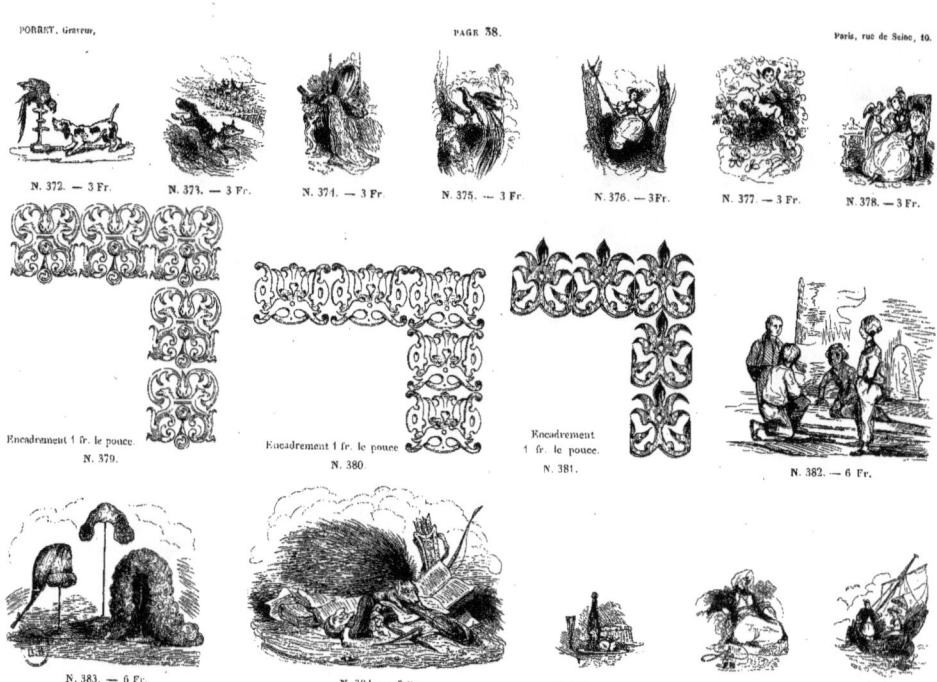

PORRET, Graveur. PAGE 59. Paris, rue de Seine, 10.

N. 388. — 7 Fr.

N. 389. — 7 Fr.

N. 390. — 7 Fr.

N. 391. — 7 Fr.

N. 392. — 7 Fr.
1838. — DÉPOSÉ A LA DIRECTION.

N. 393. — 7 Fr.

N. 394. — 7 Fr.
IMPRIMERIE DE LACRAMPE.

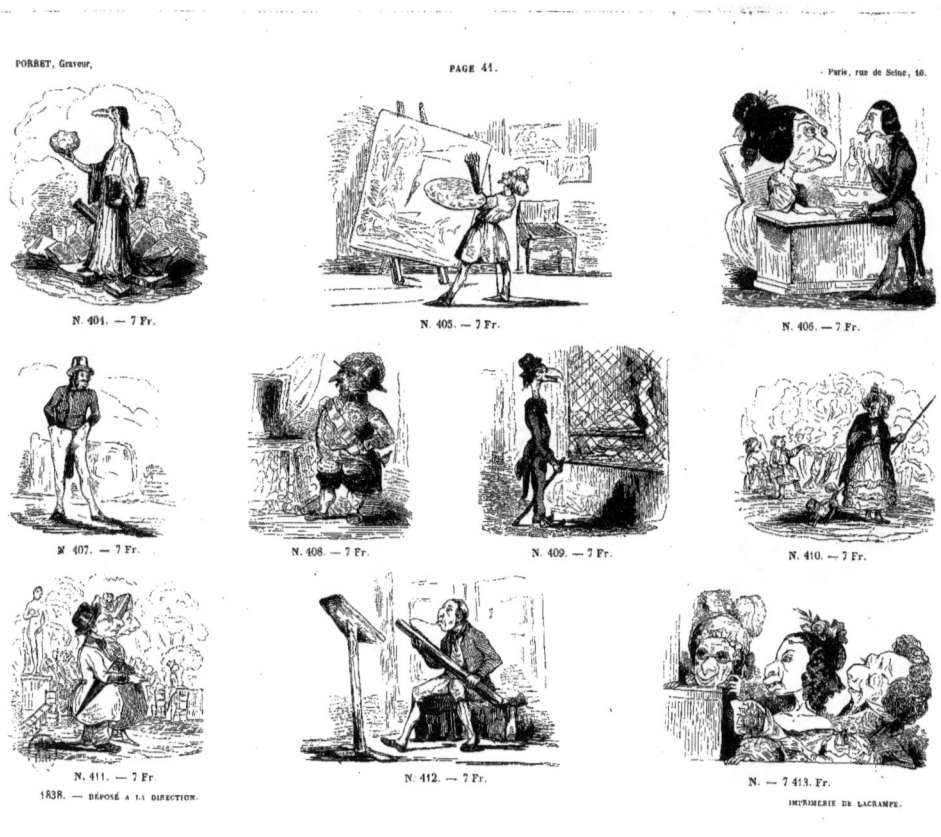

FORRET, Graveur. PAGE 45. Paris, rue de Seine, 10.

N. 424. — 6 Fr.

N. 425. — 7 Fr.

N. 426. — 7 Fr.

N. 427. — 7 Fr.

N. 428. — 7 Fr.

N. 429. — 7 Fr.

N. 430. — 7 Fr.

N. 431. — 7 Fr.

1838. — DÉPOSÉ A LA DIRECTION. IMPRIMERIE DE LACRAMPE.

FORRET, Graveur. PAGE 44. Paris, rue de Seine, 10.

N. 432. — 7 Fr.

N. 433. — 7 Fr.

N. 434. — 7 Fr.

N. 435. — 6 Fr.

N. 436. — 7 Fr.

N. 437. — 7 Fr.

N. 438. — 8 Fr.

N. 439. — 7 Fr.

1838. — DÉPOSÉ A LA DIRECTION. IMPRIMERIE DE LACRAMPE.

FORRET, Graveur. PAGE 45. Paris, rue de Seine, 10.

N. 440. — 6 Fr. N. 441. — 6 Fr. N. 442. — 5 Fr. N. 443. — 5 Fr.

N. 444. — 6 Fr. N. 445. — 6 Fr. N. 446. — 6 Fr. N. 447. — 6 Fr.

N. 448. — 6 Fr. N. 449. — 6 Fr. N. 450. — 5 Fr. N. 451. — 6 Fr.

1838. — DÉPOSÉ A LA DIRECTION. IMPRIMERIE DE LACRAMPE.

PORRET, Graveur. PAGE 46. Paris, rue de Seine, 10.

N. 452. — 7 Fr.

N. 453. — 7 Fr.

N. 454. — 7 Fr.

N. 455. — 7 Fr.

N. 456. — 7 Fr.

N. 457. — 7 Fr.

N. 458. — 7 Fr.

N. 459. — 7 Fr.

1838. — DÉPOSÉ A LA DIRECTION. IMPRIMERIE DE LACHAMPE.

PORRET, Graveur.   PAGE 47.   Paris, rue de Seine, 10.

N. 460. — 7 Fr.

N. 461. — 7 Fr.

N. 462. — 7 Fr.

N. 463. — 7 Fr.

N. 464. — 7 Fr.

N. 465. — 7 Fr.

N. 466. — 7 Fr.

N. 467. — 7 Fr.

N. 468. — 7 Fr.

N. 469. — 5 Fr.

N. 470. — 5 Fr.

N. 471. — 5 Fr.

1838. — DÉPOSÉ A LA DIRECTION.   IMPRIMERIE DE LACRAMPE.

PORRET, Graveur. PAGE 48. Paris, rue de Seine, 10.

N. 472. — 7 Fr.   N. 473. — 7 Fr.   N. 474. — 7 Fr.   N. 475. — 7 Fr.

N. 476. — 7 Fr.   N. 477. — 7 Fr.   N. 478. — 7 Fr.   N. 479. — 6 Fr.

N. 480. — 7 Fr.   N. 481. — 7 Fr.   N. 482. — 6 Fr.   N. 483. — 7 Fr.

1838. — DÉPOSÉ A LA DIRECTION. IMPRIMERIE DE LACRAMPE.

DEUXIÈME VOLUME.

ILLUSTRATIONS TYPOGRAPHIQUES

RECUEIL

de Vignettes, Alphabets, Culs-de-Lampe, Attributs, Fleurs, Fruits, Paysages,
Allégories religieuses, Ornements, Costumes anciens et modernes, Charges et Grotesques, Métiers, Fleurons, Marine, Emblèmes, Encognures,
Encadrements, Passe-Partout, etc., etc.;

GRAVÉS ET POLYTYPÉS

PAR H. PORRET,

Graveur sur bois de l'Imprimerie royale.

AVIS.	AVIS.
Les Lettres et Paquets doivent être envoyés *francs de port*. M. PORRET fera les expéditions dans les 24 heures, nouveau même par le retour du courrier; toutes commandes au-dessus de 100 francs auront droit à 15 p. 0/0 de remise. Ce Recueil est imprimé sur Clichés, et non sur les Bois, comme l'on fait habituellement. M. PORRET a fait paraître un premier volume de 46 feuilles dans la même forme que celui-ci, dont le prix est de 15 fr. net. Prix du 2e volume : 8 fr.	Un atelier de plus de quarante personnes dont M. PORRET à même d'entreprendre les plus fortes commandes en gravures; des dessinateurs attachés spécialement à son établissement lui donnent toute facilité de satisfaire les personnes qui l'honoreront de leur confiance dans le plus bref délai. Le prix des commandes sera remis contre le paquet, entre les mains du Facteur des Messageries Laffitte et Caillard. M. PORRET se charge de faire dessiner et graver tous les Sujets qu'on lui indiquera, et de les polytyper. Les exemplaires ayant été déposés à la Direction, M. PORRET poursuivra avec toute la rigueur des lois, les Contrefacteurs et Surmouleurs.

PARIS.
PORRET ET BOIDOUX, GRAVEUR ET POLYTYPEURS,
RUE DU SEINE-SAINT-GERMAIN, 15.

1842

PORRET, Graveur.   PAGE 181.   Paris, rue de Seine, 10.

SUITE DES VUES D'ITALIE (voir la page 145 de la première série).

2058. — Pont Saint-Ange à Rome. — 10 fr.

2059. — Palais-Royal à Naples. — 10 fr.

2060. — Vue de Palerme. — 10 fr.

2061. — Cathédrale de Milan. — 10 fr.

2062. — Château de Ferrare. — 10 fr.

2063. — Palais Ducal à Gênes. — 10 fr.

2064. — Palais Ducal à Venise. — 10 fr.

2065. — Port de Gênes. — 10 fr.

2066. — L'Etna. — 10 fr.

1842. — DÉPOSÉ A LA DIRECTION.   TYPOGRAPHIE SCHNEIDER ET LANGRAND.

PORRET, Graveur.   PAGE 182.   Paris, rue de Seine 40.

VUES D'ITALIE.

2067. — Gênes. — 10 fr.

2068. — Intérieur de l'église Sainte-Croix, à Florence. — 10 fr.

2069. — Saint-Jean-Catarari, à Rome. — 10 fr.

2070. — Place Saint-Marc, à Venise. — 10 fr.

2071. — Théâtre Saint-Charles, à Naples. — 10 fr.

2072. — Nice. — 10 fr.

2073. — Amphithéâtre de Vérone. — 10 fr.

2074. — Forteresse de Vérone. — 10 fr.

2075. — Place du Peuple, à Rome. — 10 fr.

1842. — DÉPOSÉ À LA DIRECTION   TYPOGRAPHIE SCHNEIDER ET LANGRAND.

PAGE 185.

VUES D'ITALIE.

2076. — Cathédrale de Florence. — 10 fr.

2077. — Fontaine de Trevi, à Rome. — 10 fr.

2078. — Panthéon de Rome.

2079. — Capitole, à Rome. — 10 fr.

2080. — Saint-Pierre, à Rome. — 10 fr.

2081. — Théâtre Saint-Charles à Gênes.

2082. — Villa Borghèse. — 10 fr.

2083. — Portici. — 10 fr.

2084. — Le Vésuve. — 10 fr.

VUES D'ITALIE.

2085. — Messine. — 10 fr.

2086. — Pont de Carigno, à Gênes. — 10 fr.

2087. — Pont de Livourne. — 10 fr.

2088. — Palais Farnèse. — 10 fr.

2089. — Le Colisée, à Rome. — 10 fr.

2090. — Saint-Antoine de Padoue. — 10 fr.

2091. — Palais Pitti. — 10 fr.

2092. — Cathédrale de Sienne. — 10 fr.

2093. — Ile de Capri. — 10 fr.

PORRET, Graveur.   PAGE 185.   Paris, rue de Seine, 10.

2094. — Tours de Bologne. — 10 fr.

2095. — Vue de Suisse. — 16 fr.

2096. — Palais-Vieux, à Florence. — 10 fr.

2097. — Arc de Titus, à Rome. — 10 fr.

2100. — 25 fr.

2098. — Les Loges, à Florence. — 10 fr.

2099. — 5 fr.

1852 — DÉPOSÉ A LA DIRECTION.

2101. — 5 fr.

TYPOGRAPHIE SCHNEIDER ET LANGRAND.

PORRET, Graveur. PAGE 187. Paris, rue de Seine, 10.

2111. — 8 fr. 2112. — 10 fr. 2113. — 8 fr.

2114. — 7 fr. 2115. — 8 fr. 2116. — 7 fr.

2117. — 8 fr. 2118 — Colonne de la place du Châtelet. — 6 fr 2119. — 7 fr 2120. — 7 fr.

1842. — DÉPOSÉ A LA DIRECTION. TYPOGRAPHIE SCHNEIDER ET LANGRAND.

PORRET, Graveur.   PAGE 189.   Paris, rue de Seine, 40.

CONTES DES FÉES.

2134. — Petit Poucet. — 8 fr.

2135. — Petit Poucet. — 8 fr.

2136. — Petit Poucet. — 8 fr.

2137. — Petit Poucet. — 8 fr.

2138. — Petit Poucet. — 8 fr.

2139. — Petit Poucet. — 8 fr.

2140. — 5 fr.

2141. — 2 fr.

2142. — 7 fr.

1842. — DÉPOSÉ A LA DIRECTION.   TYPOGRAPHIE SCHNEIDER ET LANGRAND.

PORRET, Graveur.   PAGE 191.   Paris, rue de Seine 40.

2155. — Le Chat botté. — 8 fr.   2154. — Le Chat botté. — 8 fr.   2155. — Le Chaperon rouge. — 8 fr.

2156. — Le Chaperon rouge. — 8 fr.   2157. — Le Chaperon rouge. — 8 fr.   2158. — Le Chaperon rouge. — 8 fr.

2159. — 8 fr.   2160. — 5 fr.   2161. — 8 fr.

1842. — DÉPOSÉ A LA DIRECTION.   TYPOGRAPHIE SCHNEIDER ET LANGRAND.

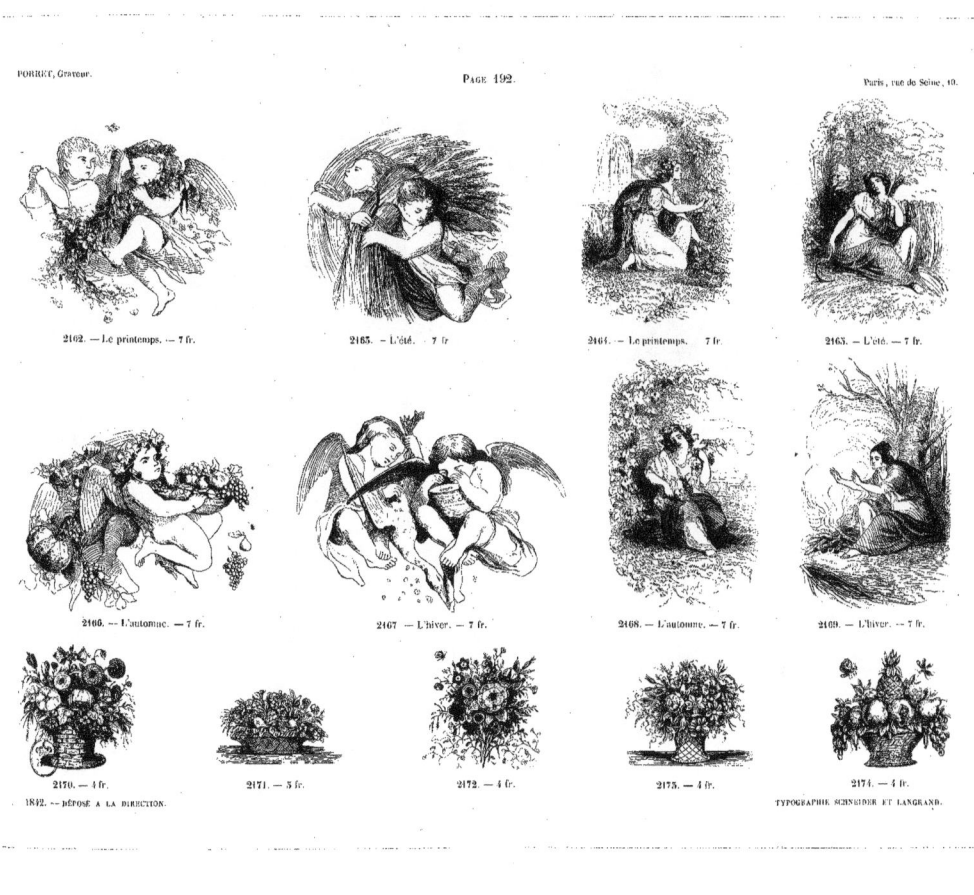

PORRET, Graveur. PAGE 193. Paris, rue de Seine, 10.

2175. — 7 fr.   2176. — 10 fr.   2177. — 7 fr.

2178. — 7 fr.   2179. — 7 fr.   2180. — 7 fr.

2181. — 7 fr.   2182. — 7 fr.   2183. — 7 fr.   2184. — 5 fr.

1842. — DÉPOSÉ A LA DIRECTION.   TYPOGRAPHIE SCHNEIDER ET LANGRAND.

PORRET, Graveur.   PAGE 194.   Paris, rue de Seine, 10.

2185. — Renard. — 8 fr.

2186. — Baleine. — 8 fr.

2187. — Loup. — 8 fr.

2188. — Léopard. — 8 fr.

2189. — 5 fr.

2190. — Sanglier. — 8 fr.

2191. — Singes. — 7 fr.

2192. — Chien et moutons. — 8 fr.

2193. — Dindon. — 5 fr.

2194. — Chien. — 5 fr.

2195. — Truie. — 5 fr.

1842. — DÉPOSÉ A LA DIRECTION.   TYPOGRAPHIE SCHNEIDER ET LANGRAND.

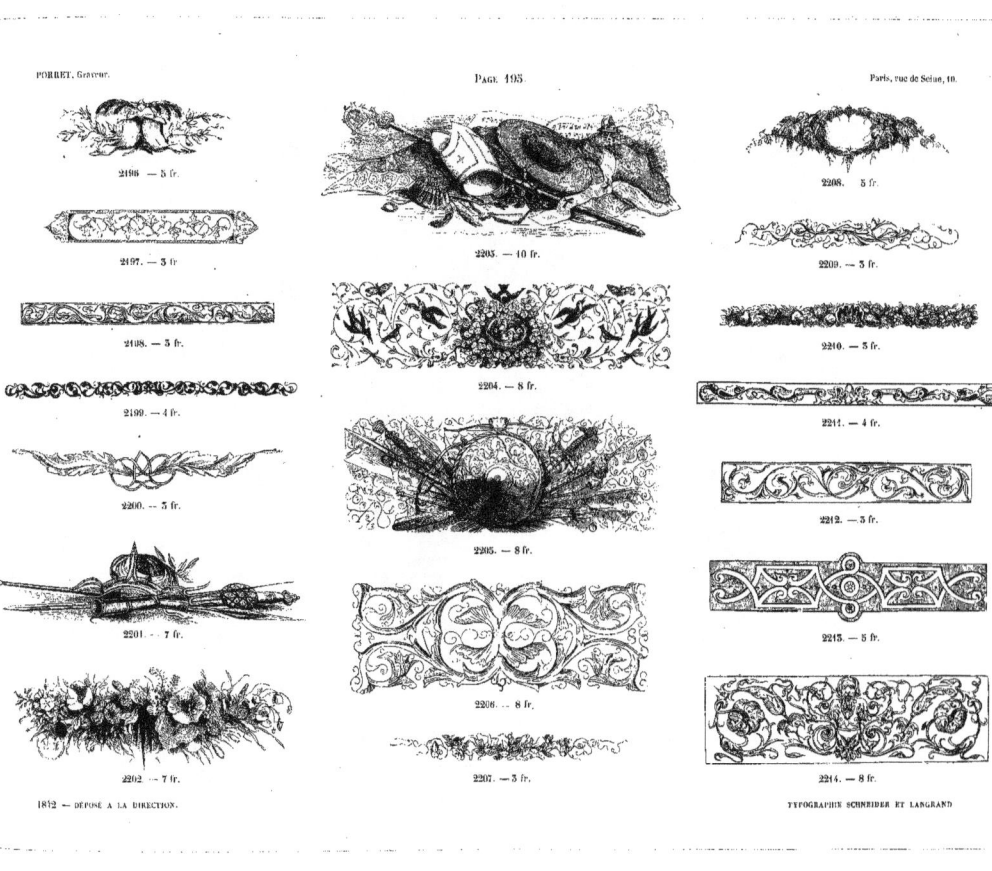

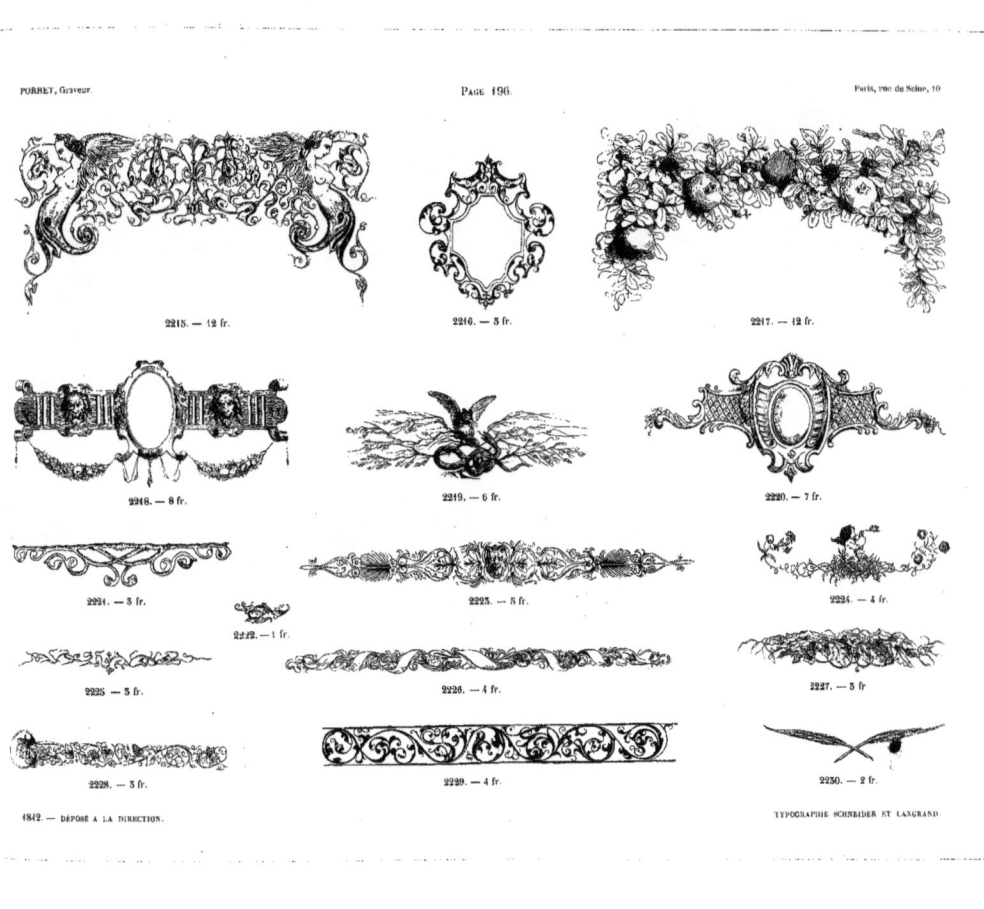

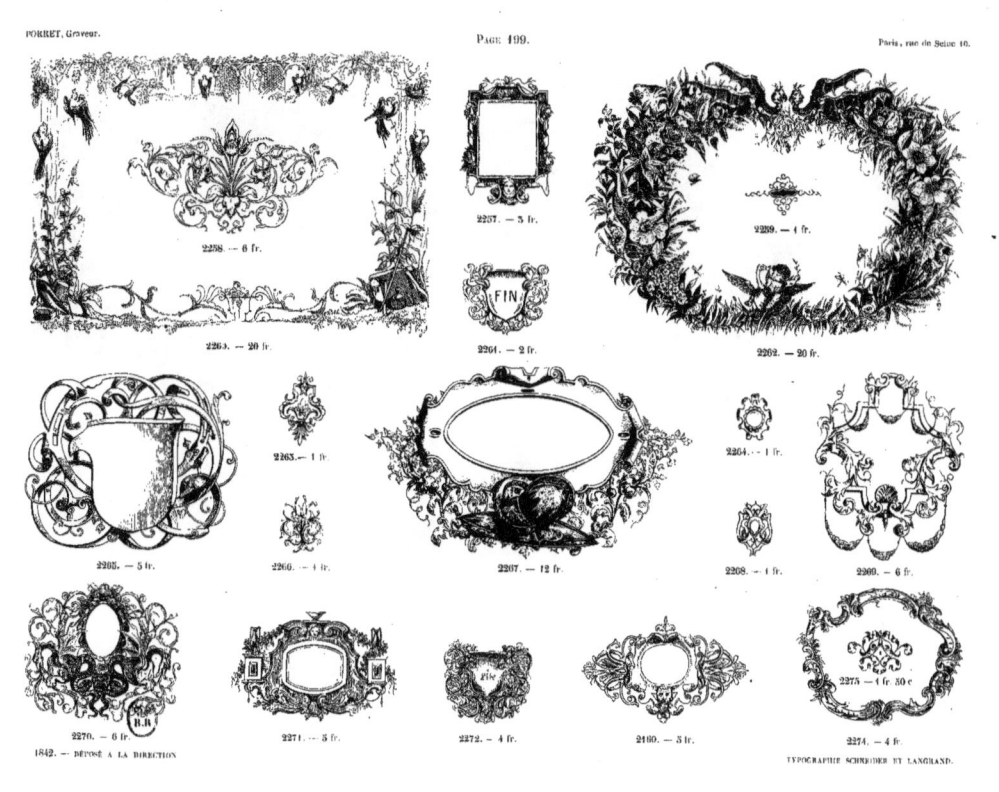

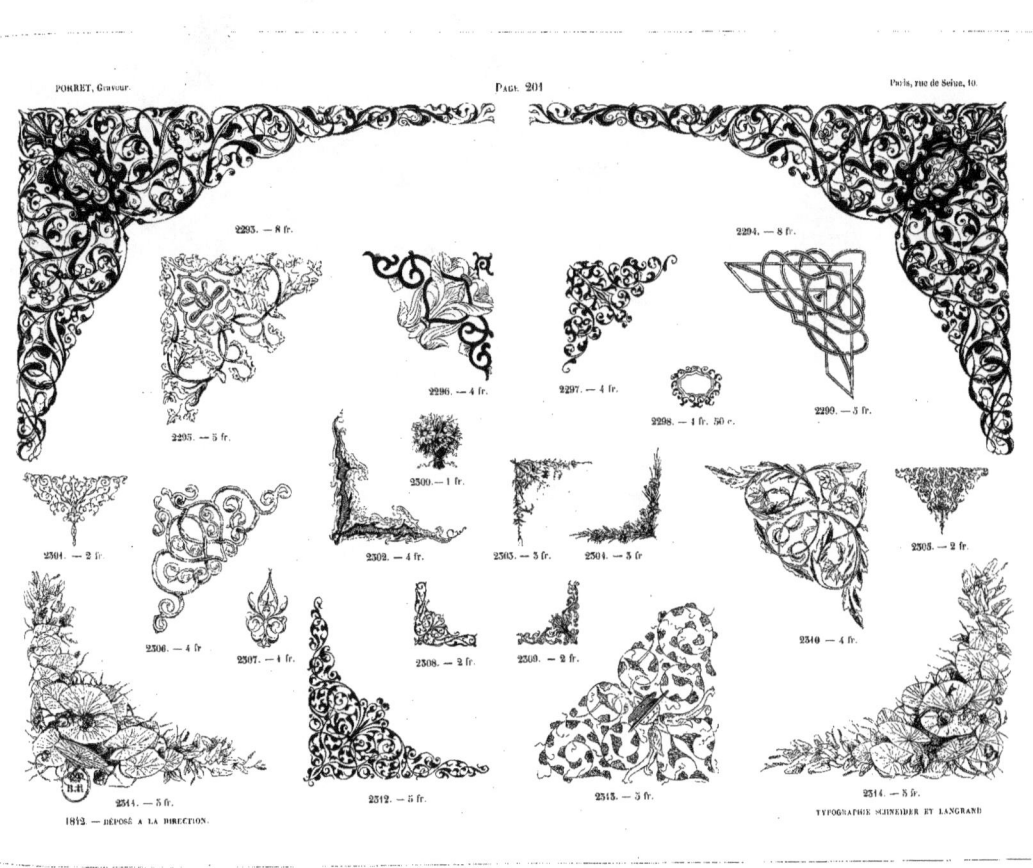

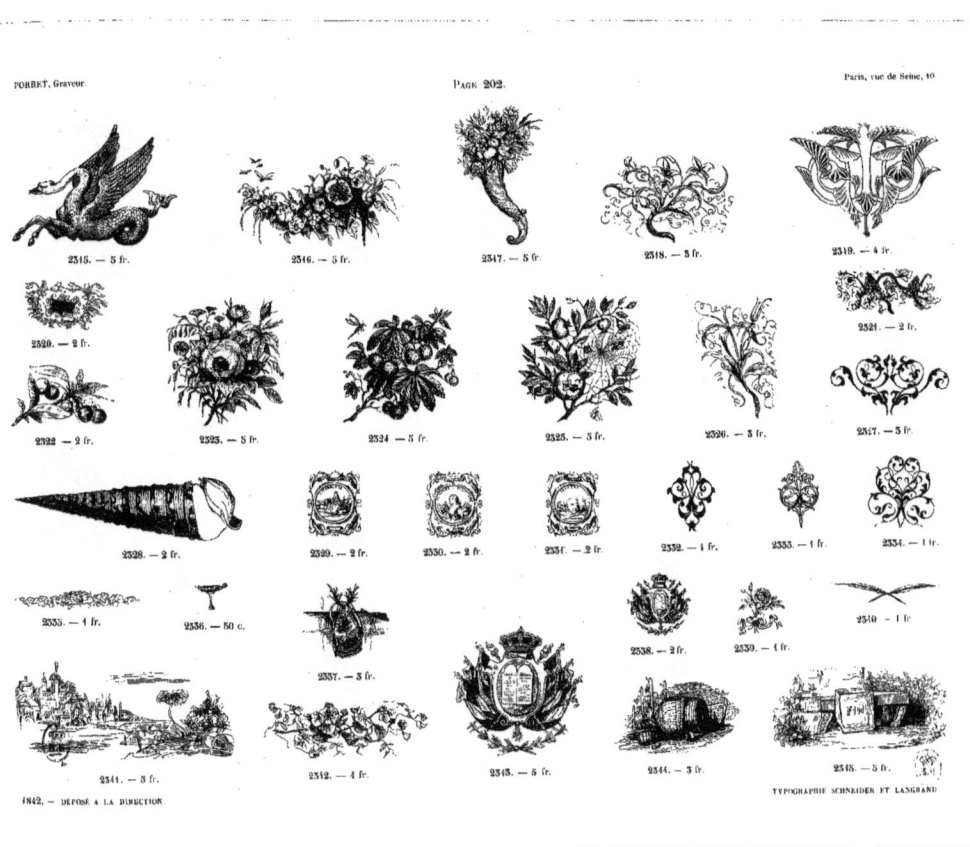

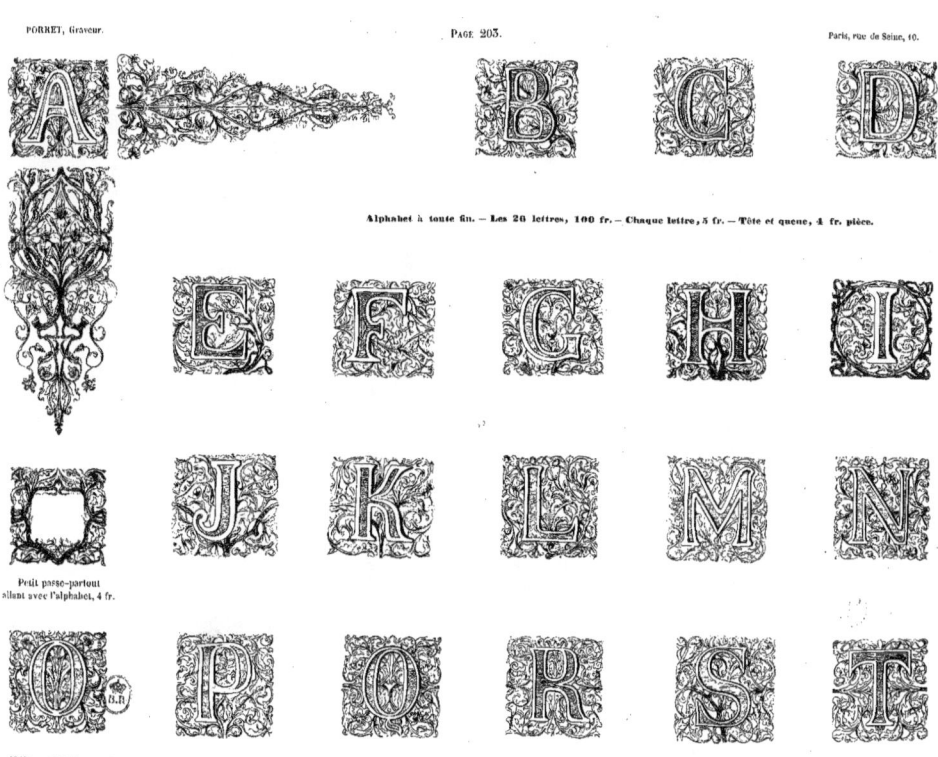

PORRET, Graveur PAGE 204. Paris, rue de Seine, 10.

Alphabet riche. — Chaque lettre, 4 fr.; les 26 lettres, 80 fr.

1842. — DÉPOSÉ A LA DIRECTION. TYPOGRAPHIE SCHNEIDER ET LANGRAND.

PORRET, Graveur. PAGE 206. Paris, rue de Seine, 10.

Petit Alphabet de fleurs et fruits. — 3 fr. la lettre. — Les 26, 66 fr.

1842. — DÉPOSÉ A LA DIRECTION. TYPOGRAPHIE SCHNEIDER ET LANGRAND.

PORRET, Graveur. PAGE 207. Paris, rue de Seine 10.

2546. — 7 fr.

2549. — 25 fr.

2547. — 7 fr.

2548. — 7 fr.

2550. — 7 fr.

2551. — Saint Louis — 7 fr.

2552. — 7 fr.

2553. — 7 fr.

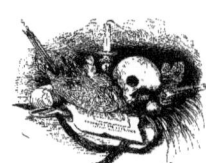
2554. — 7 fr.

1842. — DÉPOSÉ A LA DIRECTION. TYPOGRAPHIE SCHNEIDER ET LANGRAND.

PORRET, Graveur.　　　　　　　　　　　Page 208.　　　　　　　　　　　Paris, rue de Seine, 10.

2335. — 6 fr.　　2336. — 6 fr.　　2337. — 6 fr.　　2338. — 6 fr.　　2339. — 4 fr.

2359. — 3 fr.　　2361. — 4 fr.　　2362. — 4 fr.　　2363. — 3 fr.　　364. — 6 fr.

2365. — 3 fr.　　2366. — 3 fr.　　2367. — 7 fr.　　2368. — 4 fr.　　2369. — 3 fr.

2370. — 3 fr.　　2371. — 3 fr.　　2372. — 3 fr.　　2373. — 3 fr.　　2374. — fr.

1842. — DÉPOSÉ A LA DIRECTION.　　　　　　　　　　TYPOGRAPHIE SCHNEIDER ET LANGRAND.

PORRET, Graveur.   PAGE 209.   Paris, rue de Seine, 10.

2375. — 8 fr.

2377. — 6 fr.

2380. — 55 fr.

2376. — 7 fr.

2378. — 6 fr.

2379. — Saint François. — 4 fr.   2381. — Saint Paul. — 4 fr.
1842. — DÉPOSÉ A LA DIRECTION.   TYPOGRAPHIE SCHNEIDER ET LANGRAND.

PORRET, Graveur. PAGE 211. Paris, rue de Seine, 10.

Sujets de la Bible, à 4 fr. pièce.

2392.

2393.

2394.

2395.

2396.

2397.

2398.

2399.

2400.

2401.

2402.

2403.

2404.

2405.

2406.

1872. — DÉPOSÉ A LA DIRECTION. TYPOGRAPHIE SCHNEIDER ET LANGRAND

PORRET, Graveur.   PAGE 215.   Paris, rue de Seine, 10.

2416. — Sainte-Hélène. — 12 fr.

2418. — 7 fr.   2419. — 3 fr.

2417. — Char funèbre de Napoléon. — 12 fr.

2420. — 5 fr.   2421. — 4 fr.   2422. — 3 fr.

2423. — Fontainebleau. — 12 fr.

2424. — 12 fr.

1842. — DÉPOSÉ A LA DIRECTION.   TYPOGRAPHIE SCHNEIDER ET LANGRAND.

PORRET, Graveur   PAGE 214.   Paris, rue de Seine, 10.

2426. — 4 fr.

2427. — 4 fr.

2429. — 10 fr.

2425. — 5 fr.

2428. — 6 fr.

2430. — 6 fr.

2431. — 14 fr.

1842. — DÉPOSÉ A LA DIRECTION.   TYPOGRAPHIE SCHNEIDER ET LANGRAND.

PAGE 220.

2503. — 6 fr.

2504. — 6 fr.

2505. — 6 fr.

2506. — 6 fr.

2507. — 6 fr.

2508. — 6 fr.

2509. — 6 fr.

2510. — 6 fr.

2512. — 6 fr.

2512. — 6 fr.

2513. — 6 fr.

2514. — 7 fr.

2515. — 6 fr.

2516. — 6 fr.

1842. — DÉPOSÉ A LA DIRECTION.

PORRET, Graveur. PAGE **222**. Paris, rue de Seine, 10.

2534. — Cèdre du Jardin des Plantes. — 8 fr.

2533. — Palais des Singes au Jardin des Plantes. — 8 fr.

2532. — 12 fr.

2534. — Grande serre du Jardin des Plantes. — 8 fr.

2536. — Girafe du Jardin des Plantes. — 8 fr.

2537. — 7 fr.

2538. — 10 fr.

2539. — 6 fr.

1812 — DÉPOSÉ A LA DIRECTION.

TYPOGRAPHIE SCHNEIDER ET LANGRAND.

PORRET, Graveur. PAGE 225. Paris, rue de Seine, 10.
187 vignettes pour un petit voyage autour du monde (Europe).

2340. — l'Alhambra de Grenade. — 8 fr.

2341. — Cathédrale de Cordoue. — 8 fr.

2342. — Le Simplon. — 8 fr.

2343. — Costumes bernois. — 6 fr.

2344. — Crétins. — 5 fr.

2345. — Ermitage de Fribourg. — 6 fr.

2346. — Pont du Diable. — 5 fr.

2347. — Chien du Mont-St-Bernard. — 6 fr.

2348. — Lac Majeur. — 7 fr.

2349. — Venise. — 7 fr.

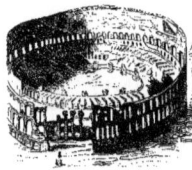

2350. — Le Colisée à Rome. — 7 fr.

2351. — Intérieur de St-Pierre à Rome. — 7 fr.

1812. — DÉPOSÉ A LA DIRECTION. TYPOGRAPHIE SCHNEIDER ET LANGRAND.

PORRET, Graveur.   PAGE 224.   Paris, rue de Seine, 10.
Suite du Voyage (Europe).

2552. — Saint-Pierre à Rome. — 8 fr.

2553. — L'Etna. — 6 fr.

2554. — La grotte des Chèvres. — 3 fr.

2555. — Naples et le Vésuve. — 8 fr.

2556. — Intérieur de l'Etna. — 8 fr.

2557. — Jeunes filles athéniennes. — 8 fr.

2558. — Soldats albanais et grecs. — 8 fr.

2559. — Caloyers grecs. — 6 fr.
1842.   DÉPOSÉ A LA DIRECTION.

2560. — Grec voyageur. — 6 fr.

2561. — Météores grecs. — 3 fr.

2562. — Oreille de Denis. — 8 fr.
TYPOGRAPHIE SCHNEIDER ET LANGRAND.

PORRET, Graveur. PAGE 225. Paris, rue de Seine, 10.
Suite du Voyage (Europe).

2565. — Vue d'Athènes. — 5 fr.

2564. — Constantinople. — 8 fr.

2565. — Sainte-Sophie à Constantinople. — 8 fr.

2566. — Rade de Toulon. — 7 fr.

2567. — Forçats. — 6 fr.

2568. — Marseille. — 7 fr.

2569. — Grande Chartreuse. — 7 fr.

2570. — Pont St-Esprit à Avignon. — 7 fr.
1842. — DÉPOSÉ A LA DIRECTION.

2571. — Fontaine de Vaucluse. — 7 fr.

2572. — Costumes d'Arles. — 7 fr.

2573. — Maison-Carrée à Nîmes. — 7 fr.

TYPOGRAPHIE SCHNEIDER ET LANGRAND.

PORRET, Graveur. PAGE 226. Paris, rue de Seine, 10.
Suite du Voyage (Europe).

2574. — Pic du Midi (Pyrénées). — 5 fr.

2575. — Cirque de Gavarnie. — 6 fr.

2576. — Cathédrale de Strasbourg. — 7 fr.

2577. — Le Havre. — 8 fr.

2578. — Bretons. — 7 fr.

2579. — Pont de Cé. — 8 fr.

2580. — Statue de Jeanne d'Arc à Orléans. — 7 fr.

2581. — Le Louvre. — 7 fr.

2582. — Colonne Vendôme. — 7 fr.

2583. — Vue des Champs-Élysées. — 8 fr.

2584. — Jardin de Versailles. — 8 fr.

2585. — Amsterdam. — 8 fr.

1842. — DÉPOSÉ A LA DIRECTION. TYPOGRAPHIE SCHNEIDER ET LANGRAND.

PORRET, Graveur.　　　　　　　　PAGE 227.　　　　　　　　Paris, rue de Seine, 10.
Suite du Voyage (Europe).

2586. — Hôtel de ville de Bruxelles. — 8 fr.

2587. — Cathédrale d'Anvers. — 8 fr.

2588. — Cologne. — 8 fr.

2589. — Lapons. — 8 fr.

2590. — Saint-Pétersbourg. — 7 fr.

2591. — Marchands russes. — 7 fr.

2592. — Le Kremlin (Moscou). — 8 fr.

2593. — Élève de marine. — 7 fr.

Algérie et grand désert.

2594. — Vue d'Alger. — 8 fr.

2595. — Le dey d'Alger. — 6 fr.

2596. — Marchand maure. — 7 fr.

2597. — Quai à Alger. — 7 fr.

TYPOGRAPHIE SCHNEIDER ET LANGRAND.

1842 — DÉPOSÉ A LA DIRECTION.

PORRET, Graveur. PAGE 228. Paris, rue de Seine, 10.
Algérie et grand désert.

2598. — Café maure. — 7 fr.

2599. — Constantine. — 8 fr.

2600. — Une mosquée. — 8 fr.

2601. — Maison-Carrée. — 5 fr.

2602. — Dame maure. — 8 fr.

2603. — Bédouin. — 8 fr.

2604. — Dattier. — 6 fr.

2605. — Intérieur des Pyramides. — 7 fr.

2606. — Les Pyramides. — 8 fr.

2607. — Arabe. — 8 fr.

2608. — Mosquée del Goury, au Caire. — 7 fr.

1842. — DÉPOSÉ A LA DIRECTION. TYPOGRAPHIE SCHNEIDER ET LANGRAND.

PORRET, Graveur.   PAGE 229.   Paris, rue de Seine, 10.
Algérie et grand désert.

2609. — Le sphinx. — 5 fr.

2610. — Abyssiniens. — 6 fr.

2611. — Temple de Derr. — 5 fr.

2612. — Papyrus. — 4 fr.

2613. — Obélisques de Luxor. — 8 fr.

2614. — Visite au roi de Tombouctou. — 7 fr.

2615. — Chameaux. — 6 fr.

2616. — Maroc. — 7 fr.

2617. — L'empereur de Maroc. — 6 fr.

2618. — Riche Maure. — 7 fr.

2619. — Cases de nègres. — 5 fr.

1842. — DÉPOSÉ A LA DIRECTION.
TYPOGRAPHIE SCHNEIDER ET LANGRAND.

Côtes de l'Afrique.

2620 — Pic de Ténériffe. — 6 fr.

2621. — Radeau de la Méduse. — 6 fr.

2622. — Poisson volant. — 5 fr.

2623. — Mouette. — 5 fr.

2624. — Léopard. — 5 fr.

2625. — Tigre. — 5 fr.

2626. — Lion. — 5 fr.

2627 — Jackal. — 5 fr.

2628. — Muscadier. — 5 fr.

2629. — Hyppopotame. — 5 fr.

2630. — Pélican. — 5 fr.

2631. — Crocodile. — 5 fr.

2632. — Requin. — 5 fr.

PAGE 231.
Côtes de l'Afrique.

2653. — Marabout. — 7 fr.

2654. — Femmes de Sénégambie. — 7 fr.

2655. — Hottentot. — 7 fr.

2656. — Hottentote. — 7 fr.

2657. — Baptême de la Ligne. — 7 fr.

2658. — Baie de la Table et vue de la ville du Cap. — 7 fr.

2659. — Ile Bourbon. — 7 fr.

2640. — Cafre. — 7 fr.

2641. — Prince d'Amboul. — 5 fr.
1842. — DÉPOSÉ A LA DIRECTION

2642. — Tortue de Bourbon. — 6 fr.

2643. — Baobab. — 6 fr.

2644. — Cafier. — 5 fr.

2645. — Zèbre. — 5 fr.
TYPOGRAPHIE SCHNEIDER ET LANGRAND.

PORRET, Graveur. PAGE 252. Paris, rue de Seine, 10.
Turquie d'Asie, Perse, Indoustan.

2646. — Cadi turc. — 7 fr.

2647. — Arménien. — 7 fr.

2648. — Pacha. — 7 fr.

2649. — Religieux arménien. — 7 fr.

2650. — Caravansérail de Cachan. — 7 fr.

2651. — Costumes persans. — 7 fr.

2652. — Les trois églises. — 7 fr.

2653. — Femme persane. — 6 fr.

2654. — Persan. — 6 fr.

2655. — Mollah. — 7 fr.

2656. — Prince persan. — 6 fr.

1842. — DÉPOSÉ A LA DIRECTION.   TYPOGRAPHIE SCHNEIDER ET LANGRAND.

PORRET, Graveur.   PAGE 233.   Paris, rue de Seine, 10.
Turquie d'Asie, Perse, Indoustan.

2657. — Mosquée persane. — 7 fr.

2658. — Adorateurs du Soleil. — 7 fr.

2659. - Hurgila. — 5 fr.

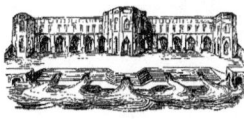
2660. — Pont d'Ispahan. — 6 fr.

2661. — Figuier des Banians. — 5 fr.

2662. — Crocodile entraînant une jeune fille. — 5 fr.

2663. — Indiens en palanquin. — 6 fr.

2664. — Sacrifice indou. — 6 fr.

2665. — Tadin. — 7 fr.

2666. — Pénitent indien. — 7 fr.

2667. — Chiven. — 7 fr.

2668. — Vesnou. — 5 fr.

2669. - Pagode. — 6 fr.

1842. — DÉPOSÉ A LA DIRECTION.   TYPOGRAPHIE SCHNEIDER ET LANGRAND.

Turquie d'Asie, Perse, Indoustan.

2670. — Chaumière indienne. — 6 fr.

2671. — Bayadères. — 6 fr.

2672. — Général Allard. — 6 fr.

2673. — Tipoo Saëb. — 6 fr.

2674. — Brama. — 6 fr.

Australie, Japon, Archipel indien.

2675. — Naturel de la Nouvelle-Irlande. — 6 fr.

2676. — Boa. — 5 fr.

2677. — Kangourous. — 5 fr.

2678. — Échidné. — 5 fr.

2679. — Menure-Lyre. — 6 fr.

2680. — Chef de la Nouvelle-Hollande. — 6 fr.

2681. — Naturels de la Nouvelle-Hollande. — 7 fr.

2682. — Rivière de Derwent. — 6 fr.

2683. — Ornithorinque. — 6 fr.

PORRET, Graveur.　　　　　　　　　PAGE 255.　　　　　　　　　Paris, rue de Seine, 10.
Turquie d'Asie, Perse, Indoustan.

2684. — Abri des naturels de la — 7 fr.
Nouvelle-Irlande.

2685. — Papous. — 7 fr.

2686. — Habitation des Papous. — 7 fr.

2687. — Homme et femme de Quam. — 7 fr.

2688. — Récifs de Bonin-Sima. — 6 fr.

2689. — La Femme de Loth — 6 fr.

2690. — Costumes japonais. — 7 fr.

2691 — Vue de Manille. — 7 fr.

2692. — Cases tagales. — 7 fr.

2693. — Malais et son singe. — 6 fr.

2694. — Lézard volant — 5 fr.

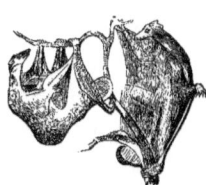
2695. — Galéopithèques — 6 fr.

1812 — DÉPOSÉ A LA DIRECTION　　　　　　　　TYPOGRAPHIE SCHNEIDER ET LANGRAND

PAGE 236.
Turquie d'Asie, Perse, Indoustan.

2696. — Chef javanais. — 7 fr.

2697. — Habitant de Célèbes. — 7 fr.

2698. — Maison à Londano. — 7 fr.

2699. — Port Jackson. — 6 fr.

Empire chinois.

2700. — Déesse Amida. — 3 fr.

2701. — Marchands en voyage. — 7 fr.

2702. — Pompe funèbre des souverains de Tonquin. — 7 fr.

2703. — Voiture de provision. — 7 fr.

2704. — Officier de justice cochinchinois. — 7 fr.

2705. — Choua de Tonquin. — 7 fr.

2706. — Étudiant de Tonquin. — 7 fr.

2707. — Officiers tonquins. — 7 fr.

PORRET, Graveur. PAGE 257. Paris, rue de Seine, 10.
Empire chinois.

2708. — Ambassadeur indiazen. — 8 fr.

2709. — L'empereur de la Chine. — 8 fr.

2710. — Riche habitant de Turon. — 7 fr.

2711. — Mandarins chinois. — 8 fr.

2712. — Dame chinoise. — 8 fr.

2713. — Le vice-roi. — 7 fr.

2714. — Chancelier de justice. — 7 fr.

2715. — Troupe de bateleurs. — 8 fr.

2716. — Fête de l'agriculture. — 6 fr.

2717. — Charlatan sur un tigre. — 6 fr.

2718. — Maison à Pékin. — 6 fr.

2719. — Le musc. — 5 fr.

1842. — DÉPOSÉ A LA DIRECTION. TYPOGRAPHIE SCHNEIDER ET LANGRAND.

PORRET, Graveur. PAGE 239. Paris, rue de Seine, 19.
Angleterre et les îles de l'océan Atlantique.

2734. — Observatoire de Greenwich. — 7 fr.

2735. — Westminster. — 7 fr.

2736. — La tour de Londres. — 7 fr.

2737. — Le mont Hécla. — 7 fr.

2738. — Phoque. — 5 fr.

2739. — L'arbre à pain. — 5 fr.

2740. — Groënlandais. — 6 fr.

2741. — Naturel des îles Viti. — 7 fr.

2742. — Tamehameha 1er. — 6 fr.

2743. — Nouveaux-Zélandais se provoquant. — 7 fr.
1842. — DÉPOSÉ A LA DIRECTION.

2744. — Pirogue des îles des Amis. — 7 fr.

2745. — Archipel Viti. — 7 fr.

2746. — Homme et femme de la Nouvelle-Zélande. — 7 fr.

TYPOGRAPHIE SCHNEIDER ET LANGRAND.

PORRET, Graveur.
Page 240.
Iles de l'océan Atlantique.
Paris, rue de Seine, 10.

2747. — Naturel de Vanikoro. — 6 fr.

2748. — Sagoutier farinifère. — 6 fr.

2749. — Mort du capitaine Cook. — 7 fr.

2750. — Habitations Nouka-Iviennes. — 7 fr.

2751. — Prêtre de Taïti. — 7 fr.

2752. — Taïtienne. — 7 fr.

2753. — Nouka-Ivien. — 7 fr.

2754. — Taïtien jouant de la flûte. — 5 fr. 2755. — Ancien costume taïtien. — 5 fr.

2756. — Rocher basaltique. — 7 fr.

2757. — Pirogue de la Nouvelle-Zélande. — 7 fr.

2758. — Moraï à Nouka-Iva. — 5 fr.

2759. — Monument de la Peyrouse. — 6 fr.

1842. — DÉPOSÉ À LA DIRECTION.
TYPOGRAPHIE SCHNEIDER ET LANGRAND.

FORRET, Graveur.   PAGE 241.   Paris, rue de Seine 10.
Amérique du Nord.

2760. — Navire à la voile. — 7 fr.

2761. — Brick au milieu des glaces. — 7 fr.

2762. — Indiens Michmas. — 7 fr.

2763. — Femme d'Esquimau. — 7 fr.

2764. — Esquimau. — 7 fr.

2765. — Iroquois. — 6 fr.

2766. — Indien du Canada. — 5 fr.

2767. — Canadiens. — 6 fr.

2768. — Algonquins. — 7 fr.

2769. — L'orignal. — 5 fr.

2770. — Bison. — 5 fr.

2771. — Franklin. — 8 fr.

1842. — DÉPOSÉ A LA DIRECTION   TYPOGRAPHIE SCHNEIDER ET LANGRAND.

FORRET, Graveur.   PAGE 242.   Paris, rue de Seine, 10.
Amérique du Nord.

2772. — Le lac Erié. — 7 fr

2773. — Premier temple des Quakers. — 7 fr.

2774. — Le saut du Niagara. — 7 fr.

2775. — Forêt vierge. — 7 fr.

2776. — Indiens fumant le calumet de paix. — 7 fr.

2777. — Chasse aux crocodiles. — 7 fr.

2778. — Fernand Cortez. — 6 fr.
1842. — DÉPOSÉ A LA DIRECTION

2779. — Washington. — 5 fr.

2780. — Femme indienne. — 7 fr.

2781. — Natchez. — 7 fr.
TYPOGRAPHIE SCHNEIDER ET LANGRAND

FORRET, Graveur. PAGE 243. Paris, rue de Seine, 10.

Amérique du Sud et Antilles

2782. — Anciens naturels — 5 fr. des Antilles.
2783. — Caraïbes. — 6 fr.
2784. — Toussaint-Louverture. — 5 fr.
2785. — Tabac. — 5 fr.
2786. — Négrillons accompagnant des jeunes — 7 fr. colons à l'école.

2787. — Nègres mangeant le calalou. — 6 fr.
2788. — Cacaoyer. — 4 fr.
2789. — Quinquina. — 4 fr.
2790. — Jaguar. — 5 fr.
2791. — Descente du fleuve des Amazones. — 7 fr.

2792. — Oiseau-mouche. — 5 fr.
2793. — L'ocelot. — 5 fr.
2794. — Lion d'Amérique. — 5 fr.
2795. — Chauve-souris-vampire. — 5 fr.
2796. — L'ému. — 5 fr.

1842. — DÉPOSÉ A LA DIRECTION. TYPOGRAPHIE SCHNEIDER ET LANGRAND.

PORRET, Graveur PAGE 244. Paris, rue de Seine, 10.
Amérique du Sud et Antilles.

2797. — Brésilien. — 7 fr.   2798. — Indiens des forêts du Brésil. — 7 fr.   2799. — Pêche aux diamants. — 7 fr.   2800. — Cordillière des Andes. — 7 fr.

2801. — Patagon. — 6 fr.   2802. — Canot patagon. — 7 fr.   2803. — Lion marin. — 5 fr.   2804. — Pingouin. — 5 fr.   2805. — Toucan. — 5 fr.

2806. — Colomb découvrant la terre. — 7 fr.   2807. — Inca devant Pizarre. — 7 fr.   2808. — Mort de Pizarre. — 7 fr.   2809. — Balboa découvrant la mer du Sud. — 7 fr.

1842. — DÉPOSÉ A LA DIRECTION.   TYPOGRAPHIE SCHNEIDER ET LANGRAND.

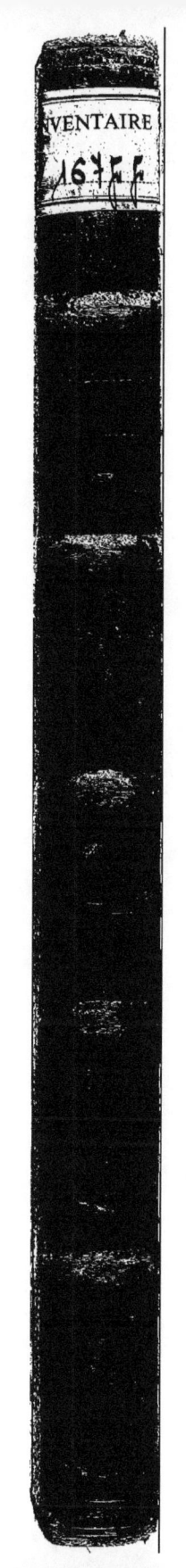

www.ingramcontent.com/pod-product-compliance
Lightning Source LLC
Chambersburg PA
CBHW071940160426
43198CB00011B/1484